PIERRE DUCHESNE

LA FÊTE RUSSO-BELGE

A LILLE

UNE MARCHE DE GÉANTS

LILLE
IMPRIMERIE NOUVELLISTE-DÉPÊCHE
1892

PIERRE DUCHESNE

LA FÊTE RUSSO-BELGE

A LILLE

UNE MARCHE DE GÉANTS

LILLE
IMPRIMERIE NOUVELLISTE-DÉPÊCHE

1892

LA FÊTE RUSSO-BELGE

A LILLE

UNE MARCHE DE GÉANTS

Le terrible coup de grisou qui fit, le 11 mars 1892, deux cent quinze victimes à l'un des puits du « Charbonnage des Français », à Anderlues, près de Charleroi, émut profondément la pitié publique. De toutes parts, en France aussi bien qu'en Belgique, s'organisèrent des souscriptions et des fêtes de bienfaisance.

A Lille, un Comité composé de personnes dévouées, sans aucune distinction de partis, et de représentants de la presse lilloise, se réunit vers la fin du mois de mars pour organiser une fête de charité au profit des familles de cette catastrophe, auxquelles, par un sentiment des plus délicats, on associa les victimes de la famine sévissant en Russie.

Le Comité, malgré le temps fort court dont il disposait, parvint à réunir les éléments d'un grand cortège tout à fait original ayant pour élément principal les géants si populaires dans la Flandre française et en Belgique.

L'appel du Comité fut entendu par huit villes qui envoyèrent leurs grands mannequins historiques, sans compter ceux de Lille.

Et le dimanche 24 avril, par un temps superbe arrivant comme par miracle au milieu de jours pluvieux, un cortège des plus originaux et des mieux réussis parcourut la ville de Lille au milieu d'une affluence énorme, dans laquelle les étrangers avaient fourni un contingent de plus de 60,000 personnes.

Cette marche de géants eut un succès prodigieux ; nous voulons en conserver au moins le souvenir en esquissant la silhouette et l'histoire de ces fantoches ballant des bras, dodelinant de la tête, aux bizarres costumes, qui, au bout de plusieurs siècles d'existence pour beaucoup d'entre eux, se trouvaient réunis fraternellement.

L'origine des géants

Mais d'abord quelques mots sur l'origine de ces « grands hommes » auxquels la population des villes qui en possèdent est, avec raison, si attachée, comme à de vivants souvenirs du passé.

On ne trouve, si je ne me trompe, aucune trace de géants ni dans les descriptions de fêtes, ni dans les anciens comptes, avant le milieu du XVe siècle ; on peut affirmer que leur origine remonte à la splendeur de la Maison de Bourgogne ; ils furent créés probablement pour donner plus d'éclat et d'originalité soit à ces somptueux cortèges organisés pour la réception d'un souverain, soit à ces processions mi-partie religieuses, mi-partie profanes, résultant d'une coïncidence voulue entre une solennité religieuse et les foires, kermesses ou ducasses.

Cette dernière hypothèse est pleinement justifiée par une curieuse remarque, à savoir qu'on ne trouve de géants que dans les villes qui étaient un lieu fréquenté de pèlerinage, comme à Mons (Sainte-Waudru), Bruxelles (le Saint-Sacrement de Miracle), Nivelles (Sainte-Gertrude), Anvers (Notre-Dame), etc. Les autres villes auraient suivi cet exemple pour augmenter l'attrait de leurs fêtes purement civiles.

On ne connaît cette tradition des géants populaires que dans les Pays-Bas, ou mieux encore en Belgique (la Hollande actuelle n'en possède point) et dans la Flandre française, qui, on le sait, fit longtemps partie des XVII Provinces.

D'où naquit cette coutume ? Peut-être en faut-il chercher l'origine dans la lecture des romans de chevalerie et dans la représentation de mystères ou d'anciennes légendes populaires dans les rues ou sur les places publiques ; on y mettait presque toujours en scène un géant, soit de l'ordre profane, soit de l'ordre religieux, comme Goliath et Og. Peut-être aussi peut-on en chercher l'origine dans le souvenir d'une race conquérante de plus haute stature que les aborigènes et grandie encore par la tradition.

Le peuple s'attacha à ces images de géants, en ces époques où l'esprit de clocher était si fort, et la tradition s'en est continuée jusqu'à nous ; elle fut interrompue, mais non oubliée en Belgique, pendant les tracasseries du règne de Joseph II, cet ennemi de la gaieté populaire ; aussi la Révolution brabançonne la vit-elle renaître.

Les géants se cachèrent et plusieurs même disparurent pendant la Révolution de 1793, tant en France qu'en Belgique.

Pardonnez-moi cette petite digression historique et commençons tout de suite, par une politesse ordonnée à des hôtes, par vous présenter Leurs Hautesses Belges.

Les géants de Bruxelles

Par leur nombre et par leur ville natale, ce sont les géants de Bruxelles qui doivent tenir la tête dans ce récit.

J'ai donc l'honneur de vous présenter la smala bruxelloise : (peste ! quel honneur d'être l'introducteur, le d'Ormesson de personnages aussi élevés) : le seigneur Janneke (Petit Jean), le chef de l'ambassade, sa femme Mieke (Petite Marie), — remarquez-vous cette habitude aussi fréquente en Belgique que dans nos contrées flamandes du Nord, de donner des diminutifs aux noms des géants ? — puis Grand-Papa, Grand'Maman, Mon Oncle et le Grand-Turc ; leurs costumes ont été renouvelés il y a deux ans, ils sont flambant neufs. Près d'eux marchent d'ordinaire des musiciens vêtus d'une blouse bleue et coiffés d'un bonnet de coton retombant ; ce sont presque toujours des « capons du rivage », nom populaire des débardeurs du canal.

La famille des géants bruxellois était jadis bien plus nombreuse ; au siècle dernier, outre ceux qui existent encore, il y avait Pietje (Petit Pierre), Michieltjen (Petit Michel), deux époux : Gudule et Jean de Nivelle, et la Sultane, femme du Grand-Turc actuel.

On ne connaît rien de particulier sur l'origine de ces géants ; disons cependant qu'une légende populaire s'attache à une des rues de Bruxelles, « la Montagne des Géants », mais elle semble ne rien avoir de commun avec la bande de Janneke et Mieke.

L'air de musique qui fait danser ces géants est le même que celui de Dunkerque et d'Ypres.

Nous avons vu aussi dans le cortège deux bustes de géants à double face, servant d'aumônières, et qui ont été faits à Bruxelles pour le grand cortège de 1890 ; le populaire bruxellois les avait surnommés Scheele-Wip et Scheele-Wap (Scheele signifiant loucheur).

Le Doudou de Mons

Mons avait envoyé son célèbre Doudou, qui rendait ainsi à la France la visite charitable que la Tarasque a faite à la Belgique, il y a deux ans ; tous deux appartiennent à la race des monstres fabuleux.

Le Doudou figure une bête sauvage fantastique, très longue, au corps couvert d'écailles, à la tête plate grimaçante, à l'énorme queue mobile qui se relève par soubresauts ; on l'appelle aussi le Lumeçon, du nom de la fête dans laquelle il figure annuellement, mais l'appellation de Doudou est plus populaire. Le monstre est accompagné de sauvages et de diables, armés de bâtons et de vessies, qui le harcèlent ; saint Georges, qui l'a vaincu, chevauche devant lui ; il y a encore les Chins-Chins, sorte de petits centaures à tête d'homme qui trottent autour du Doudou, l'agaçant et faisant mine de l'attaquer.

L'origine du Doudou comme fête populaire remonte à 1349 ; tous les ans, à la ducasse de Mons, se livre sur la Grand'Place le combat du Lumeçon, au milieu d'une foule énorme qui applaudit au triomphe de saint Georges.

Peut-être n'est-il pas inutile de rappeler la légende du Doudou, qui date du XIIe siècle (1133). Revenant de Palestine, le seigneur Gilles de Chin, qui appartenait, paraît-il, à l'illustre maison de Trazegnies, apprit qu'un monstre sanguinaire, de plus de cinquante pieds de long, ravageait les campagnes aux portes de Mons ; ses victimes ne se comptaient plus.

Le brave chevalier dressa deux chiens pour cette nouvelle chasse et partit pour combattre le dragon avec ses écuyers. Il affronta la bête, seul, aidé de ses deux chiens, et, après un combat homérique, parvint à la tuer. En récompense, le comte de Hainaut lui donna de belles seigneuries et le sire de Chièvres lui bailla en mariage sa belle et gente fille Ida.

Devant le cortège du Lumeçon marche un corps de musique jouant un air spécial, qui est connu de presque tout le monde, jusque chez nous ; voici les paroles de cette chanson populaire :

> Nous irons vir l' car d'or à l' procession de Mon' ;
> Ce s'ra l' poupée d' saint Georges qui nous suivra de long.
> C'est l' Doudou, c'est l' mama,
> C'est l' poupée, poupée, poupée ;
> C'est l' Doudou, c'est l' mama,
> C'est l' poupée saint Georges qui va.

On peut à peu près traduire ou pour mieux dire interpréter de cette façon ces paroles en patois wallon :

Nous irons voir le char d'or à la procession de Mons ; ce sera la poupée (la Madone) de saint Georges qui nous suivra de loin. C'est le très doux Jésus, c'est la mère, c'est la Madone de saint Georges qui s'avance.

Disons que le « car d'or » dont il est parlé dans la chanson est un char magnifique, entièrement doré, sur lequel est placé, à la procession de Mons, la châsse de sainte Waudru, patronne de la ville ; douze chevaux blancs traînent ce char qu'on peut voir à l'église Sainte-Waudru.

Par « poupée » (expression wallonne et populaire), on entendait primitivement une statue de la Vierge qui accompagnait la procession.

Goliath d'Ypres

Ce brave Goliath d'Ypres, car il y en a plusieurs en Belgique, à Grammont et à Ath, par exemple, est une ancienne et excellente connaissance des Lillois, qui l'ont pu admirer déjà à la promenade flamande du 24 août 1890. Il est revenu dans nos murs, et c'est avec grand plaisir que nous l'avons revu.

Haut de près de neuf mètres, il est des plus majestueux et d'un poids respectable (420 kilog) ; une particularité : sa carcasse, au lieu d'être en osier, comme celle de la plupart des géants, est en bois. Il date de 1683, au moins cette année est-elle la première constatée de son existence.

Il est superbement vêtu à l'orientale : turban à plumes, manteau, cotte de mailles et longue robe ; d'une main il tient une massue, de l'autre il s'appuie sur un énorme yatagan.

Un peu abandonné dans le commencement de ce siècle, il reparut plus beau que jamais, grâce à une société d'archers yprois.

Dans sa marche, Goliath est accompagné d'un charmant groupe d'enfants costumés en pages et en fous, dansant au son du *Reuzelied* ou chanson des géants, la même, nous l'avons dit, que celle de Bruxelles et de Dunkerque.

Goliath d'Ath

Bien qu'empêchés au dernier moment de se rendre à Lille, les géants d'Ath, qui devaient figurer dans le cortège, méritent ici une mention.

Les Athois appellent familièrement leur Goliath, Goyasse ; il est un peu moins haut que son homonyme yprois, il ne mesure que 7 m. 50 environ.

Il est marié depuis 1715 à la belle Mme Goliath. Tous deux sont superbement vêtus ; Madame porte un voile abritant sa beauté.

Souvent un petit berger, en chair et en os celui-là, représentant David, les accompagne, quand ils sortent, tandis qu'une musique joue l'air national athois.

M. et Mme Goliath sont les seuls survivants des quatre géants primitifs : Tirant et le cheval Bayard, monté naturellement par les quatre fils Aymon, ont disparu.

Argayon de Nivelles

Encore un respectable vieillard qui porte alertement son grand âge à rendre jaloux feu Chevreul ; déjà au xvie siècle on signalait les géants dans les comptes de la ville de Nivelles.

C'est un géant moyen que M. Argayon, il ne mesure que cinq mètres, mais il rachète ce léger défaut par une mise des plus somptueuses. Son costume, dans le goût de la Renaissance, se compose d'un pourpoint, d'un jupon et d'un manteau de velours noir orné d'or ; il porte aussi un grand sabre ; il a été renippé, il y a deux ans, de même que Mme Argayonne, sa femme, que nous n'avons pas eu le plaisir de voir à Lille, car lors du cortège de 1890 à Bruxelles, elle a fait une terrible chute et s'est brisé la tête sur le pavé. Peut-être est-ce l'orgueil qui a perdu la pauvre géante !

Leur fils Lolo (2 mètres 1/2), en robe d'enfant et bourrelet bleu, accompagnait son illustre père pour nous dédommager.

Le légendaire cheval Godet protège souvent les géants dans leur marche contre les indiscrétions de la foule.

———

Voilà, je crois, la liste des géants proprement dits épuisés, au moins pour ceux envoyés par la Belgique ; les deux autres personnages dont je vais vous parler appartiennent plutôt à la légende. Et d'abord :

Gambrinus

C'est une immense figure en bois sculpté et doré, appartenant à la brasserie des *Carrières de Marbre*, de Namur ; il est placé sur un foudre énorme d'une contenance de soixante hectolitres, le tout traîné sur un char orné.

Il a été fait, si je ne me trompe, pour le grand cortège historique de Bruxelles, en 1880, lors du cinquantième anniversaire de l'indépendance belge.

Mais si la figure de ce roi de la bière est moderne, sa légende est antique et mérite qu'on s'y arrête un instant.

Les origines du roi Gambrinus, appelé encore Gambrivius, Cambrinus et dans certaines parties de l'Allemagne Gambreew, sont des plus embrouillées.

On sait que la tradition lui attribue l'invention de la bière aux Pays-Bas ou en Allemagne ; on invoque à l'appui de cette thèse un nom de ville dans chacun de ces deux pays : Cambrai dans la Flandre française, d'où viendrait directement le nom de Cambrinus, et Hambourg, dont une des formes latines est Gambrivium.

Ajoutons que Cambrai, pendant bien longtemps, a possédé un géant nommé Gambrivius, qui figurait à toutes les réjouissances de la ville.

Dans les plus anciens textes où revient le nom de Gambrinus, on le qualifie de roi de Flandre et de Brabant, de même dans les légendes qui ornent ses portraits, depuis le moyen âge.

Par une tradition constante, on le représente toujours vêtu en chevalier ou en roi, la tête ceinte tantôt d'une couronne royale, tantôt d'épis ; tenant à la main un vidrecome rempli de bière et ayant toujours à côté de lui un muid du même liquide.

Il nous faut encore signaler une autre version qui n'est pas plus improbable que l'autre.

On ferait dériver Gambrinus de Jan ou Jean Primus, duc de Brabant au XIIIᵉ siècle, dont les poésies sont bien connues et qui se serait fait recevoir à titre honorifique dans le métier des brasseurs de Bruxelles ; d'où des portraits du prince en costume de chevalier ou de souverain, tenant, pour rappeler le fait précédent, un broc de bière à la main.

Nous ne mentionnerons que pour mémoire une légende faisant remonter le roi Gambrinus à la plus haute antiquité, aux temps fabuleux ; il aurait reçu du dieu Osiris et de la déesse Isis le secret de faire la bière avec de l'orge transformée en malt.

Quoi qu'il en soit, la royauté de Gambrinus est plus solide que jamais et le nombre de ses sujets ne tend pas à diminuer, bien au contraire, et son culte est fervent dans notre contrée principalement, comme il l'est en Belgique, en Allemagne, en Angleterre et en Suisse.

L'Homme de Fier

Celui-ci n'est pas un géant, c'est tout simplement un souvenir historique des plus intéressants et très archéologique.

L'Homme de Fier ou de fer nous vient de Soignies, une coquette petite ville du Hainaut, dont l'un des habitants, d'après une coutume très ancienne, — elle paraît remonter au XIVᵉ siècle, — figure à la procession de Saint-Vincent, le patron de Soignies, revêtu d'une armure d'acier rappelant le costume sous lequel le comte Vincent Maldegaire prit part aux guerres entreprises par le roi Dagobert.

L'Homme de Fier, monté sur un cheval blanc, est toujours escorté d'un escadron de dragons ; il fait le bonheur de la population sonégienne et de ses hôtes à la procession de la ducasse, le lundi de la Pentecôte.

L'armure que revêt ce preux semble dater du XVIᵉ siècle.

Jetons maintenant un coup d'œil rapide sur les géants du Nord qui accompagnaient leurs amis belges à la promenade du 24 avril.

Lydéric et Phinaert

Les plus grands de nos concitoyens guidaient leurs hôtes dans leur bonne ville de Lille, ouvrant la marche du cortège.

Un peu comme les peuples heureux, nos géants n'ont guère d'histoire, tout au moins leur origine ne remonte-t-elle pas très haut. Nous parlons bien entendu des bonshommes d'osier et de carton et non du fait historique que nous relatons plus loin.

L'origine du Lydéric et du Phinaert que nous avons vus dans les rues de Lille remonte à 1826, époque à laquelle la municipalité voulut ressusciter l'ancienne procession de Lille que les événements de la Révolution avaient fait disparaître. Le maire, le comte de Muyssart, fit appel à un archéologue du temps, M. Brun-Lavainne, qui devint ensuite archiviste de la ville. Son projet fut adopté ; il reconstituait en plusieurs groupes les fastes de Lille dans ses principaux événements, depuis les origines fabuleuses des forestiers de Flandre.

Dans l'idée du créateur de ce cortège, les personnages devaient être représentés, comme d'habitude, par des hommes vêtus de costumes plus ou moins exacts. Mais la municipalité, craignant le peu de tenue des figurants, eut une idée géniale : elle décida de remplacer ces derniers par des mannequins.

Et c'est ainsi que la ville de Lille vit défiler son ancienne procession figurée, pour la plupart des personnages historiques représentés, par des pupazzi.

Naturellement, on fit de Lydéric et de Phinaert deux géants en osier, surmontés de têtes en carton, qui eurent grand succès, amusant beaucoup la population, à telle enseigne qu'ils sortirent chaque année de 1826 à 1830 ; on les revit en 1851, en 1852, le 20 juin, à un cortège représentant encore les fastes de Lille ; en 1853, le 13 juin, aux fêtes communales ; en 1858, à un cortège organisé en l'honneur de la rentrée triomphale des troupes d'Italie ; en 1863 (le 14 juin), dans la luxueuse cavalcade organisée pour fêter l'agrandissement de la ville de Lille ; en 1871, dans un cortège de bienfaisance au profit des victimes de la guerre. Nos géants ne sortirent plus avant 1887, où ils firent une apparition lamentable dans une fête populaire organisée par le Denier des Ecoles laïques, de même en 1888 ; ils reparurent le 24 août 1890 pour la fête de charité organisée au bénéfice des victimes de Saint-Etienne ; en 1891, le 23 août, lors des fêtes des Vieux-Quartiers, et enfin le 24 avril 1892, à la fête dont nous nous occupons en ce moment.

Durant le long séjour qu'ils firent dans un hangar de l'abattoir, de 1830 à 1851, Lydéric et Phinaert subirent les plus grands outrages de la part de la gent trotte-menu, et on dut non seulement les rhabiller à neuf, mais refaire leur chétive carcasse d'osier ; à peine les têtes avaient-elles résisté.

Vous pensez dans quel état étaient leurs frusques au bout d'un nouvel espace de vingt ans ; aussi, en 1891, lors de l'organisation d'un cortège pour la fête des Vieux-Quartiers, la municipalité vota-t-elle une somme de 2,500 francs pour renipper nos vieux concitoyens, fort honnêtement vêtus maintenant.

On dut à cette époque refaire toute la carcasse d'osier ; les têtes seules purent servir.

Revenant sur l'origine des deux géants de Lille, nous devons constater

que rien dans nos annales, dans nos histoires, dans nos documents locaux
ne mentionne, avant 1826, l'existence de Lydéric et Phinaert, pas même
une relation complète de la procession de Lille vers 1740, qui vient d'être
retrouvée à la Bibliothèque Mazarine et publiée.

On parle cependant quelquefois dans d'anciens comptes, de géants
(gayants) qu'on sortait ou qu'on faisait jouer ; on trouve encore mention
de deux mannequins d'osier, hauts de 60 pieds, que les manneliers
portèrent comme « chefs-d'œuvre » à la procession de Lille en 1562, mais
on ne dit point s'ils étaient revêtus d'habits et s'ils portaient un nom.

Peut-être n'est-il pas téméraire de penser que Lille dut avoir, comme
les principales villes des XVII Provinces des Pays-Bas, ses géants populaires ; mais, répétons-le, nous n'avons sur ce point aucune certitude, et
M. Brun-Lavainne, dans ses *Mémoires*, semble s'en attribuer l'invention
pour le cortège de 1826, au moins pour Lydéric et Phinaert.

Un mot maintenant, comme nous l'avons fait pour les autres géants,
sur le fait historique qui leur a donné naissance.

Les anciennes chroniques de Flandre font succéder directement les
forestiers de ce pays, c'est-à-dire les gouverneurs pour les premiers rois
de France, aux gouverneurs que les Romains établirent dans la Gaule
après la conquête.

Ces officiers auraient occupé, d'après une tradition constante, une
forteresse appelée le château du Buc, qui s'élevait au centre de la cité
actuelle, à l'endroit occupé aujourd'hui par la basilique de Notre-Dame de
la Treille.

L'un d'eux, nommé Phinaert, accablait d'exactions non seulement les
populations soumises à son autorité, mais dévalisait, comme le premier
malandrin, les voyageurs qui s'aventuraient aux environs de son burg.
C'est ainsi que Salvaert, prince de Dijon, et sa femme Hermengarde, qui
se rendaient en Angleterre, furent attaqués par Phinaert et ses gens : Salvaert fut tué ; sa femme put s'échapper et alla se cacher non loin, au bord
d'une source appelée la Fontaine del Saulx (du Saule), où elle accoucha
d'un fils. La princesse fut bientôt arrêtée par les gens de Phinaert, qui
l'amenèrent au château du Buc ; l'enfant heureusement échappa à leurs
recherches ; une chèvre le nourrit jusqu'à ce qu'un ermite, habitant près
de la Fontaine, trouva le petit être, le recueillit et l'éleva, lui donnant le
nom de Lydéric et lui cachant son illustre origine.

Quand l'enfant eut à peine atteint l'âge de porter les armes, l'ermite lui
révéla le secret de sa naissance et le meurtre de ses parents.

Aussitôt Lydéric, malgré son jeune âge, fit défier Phinaert et le vain-
quit en un combat singulier qui eut lieu devant le roi Clotaire II, vers 620,
dit la tradition.

La mort de cet affreux tyran causa une joie universelle dans toute la
contrée, et le roi, pour récompenser Lydéric, le fit forestier de Flandre et
lui donna le château du Buc.

Ajoutons que, dans presque toutes les cavalcades historiques ou même
populaires, les géants lillois sont suivis d'un char représentant la Fontaine

del Saulx, avec l'ermite, la chèvre et l'enfant, quelquefois même la princesse Hermengarde.

Jeanne Maillotte et le Tambour-Major des Hurlus

Ces deux personnages ne sont point précisément les géants : Jeanne Maillotte, une héroïne lilloise dont nous conterons plus loin les hauts faits, remonte, elle, certes à 1826 ; elle est un des restes du cortège de mannequins dont nous avons parlé à propos de Lydéric et Phinaert. Il en est de même du Tambour-Major des Hurlus, des-z-Hurlus, comme aime à dire le peuple avec son instinct musical de la phrase ; mais il a une illustre origine, ce grotesque, ce nain à tête énorme portée sur un corps minuscule : il doit la vie à Horace Vernet, ce maître puissant du pinceau, et voici comme :

Un des adjoints au maire de Lille, M. de Beaupuy, s'était rendu à Paris pour l'organisation des Fastes de Lille.

« Il alla voir, dit M. Brun-Lavainne dans ses *Mémoires*, Horace Vernet qu'il connaissait particulièrement, et, tout en causant de la procession de Lille, il lui demanda une idée bien burlesque pour compléter son cortège. Le grand peintre ne répondit rien, mais se mit à crayonner une figure de tambour-major avec de petites jambes et une tête monstrueuse. Ce genre de charge, popularisé depuis par Dantan, était alors tout neuf. M. de Beaupuy fut enchanté et courut faire exécuter tête et costume sans rien changer à l'idée du maître. »

Ce petit personnage fut, par hasard, placé derrière Jeanne Maillotte dans le cortège, devant les tambours précédant les archers ; le peuple applaudit fort cette charge et tout de suite lui donna le nom de Tambour-Major des-z-Hurlus ; vous allez voir bientôt pourquoi.

Les vêtements de Jeanne et du Tambour-Major furent renouvelés en même temps que ceux des deux géants lillois. Jeanne est promenée sur un petit char ; quant au Tambour-Major, un homme le met en mouvement.

Voici maintenant l'histoire de Jeanne Maillotte, bien connue à Lille, mais intéressante à consigner ici pour ceux de nos lecteurs moins au courant de notre histoire locale.

C'est aux sanglantes guerres de religion du xvie siècle que se rattache l'acte d'héroïsme de Jeanne Maillotte.

Des bandes de Huguenots qui pillaient et saccageaient le Hainaut et la Flandre poussaient parfois leurs expéditions jusqu'aux environs de Lille, aux portes mêmes de la ville ; une bande surtout, celle qui occupait Menin, causait de grands ravages dans nos faubourgs.

Les Lillois résolurent, non seulement de mettre à la disposition du prince de Parme de l'argent et des munitions de guerre, pour l'aider à s'emparer de Menin, mais ils envoyèrent même des hommes, et en particulier les canonniers de la ville. Menin retomba ainsi au pouvoir des Espagnols et les Huguenots, que le peuple avait baptisés du surnom de Hurlus, en furent chassés.

Une forte bande de ces derniers, après leur défaite, vint sur Lille dans le but de prendre la ville, le 29 juillet 1582 ; leur projet était d'abord de s'emparer du faubourg de Tournai ; s'étant mêlés à la foule, ils découvrent des armes cachées et tirent sur les bourgeois, surpris de cette brusque attaque. Attirés par le bruit, les membres de la confrérie des archers de Saint-Sébastien, qui se trouvaient dans leur local ou « jardin » situé à la place aux Bleuets actuelle, s'arment à la hâte de leurs arcs et se précipitent sur les Hurlus ; leur hôtesse, Jeanne Maillotte, saisit une hallebarde et se met à la tête des archers. Ceux-ci, aidés par quelques bourgeois et par les femmes du quartier qui jettent sur les Huguenots tout ce qui leur tombe sous la main, mettent en fuite les Hurlus.

La tradition de cet acte de bravoure s'est perpétuée jusqu'à nos jours à Lille ; mais, pour la première fois, dans le cortège de 1826, on représenta Jeanne Maillotte avec sa hallebarde ; derrière elle marchaient ses archers.

Du même coup s'explique le surnom de Tambour-Major des Hurlus dont nous parlions plus haut, que le peuple donna spontanément, et qui lui est resté, au « grotesque » qu'avait dessiné Horace Vernet.

Gayant de Douai

On n'a pas de traces de Gayant (une corruption évidente de géant) avant le xvıᵉ siècle ; au xvııᵉ siècle il brille déjà d'un grand éclat ; mais comme il n'est pas bon qu'un géant soit seul, on lui donna femme en 1665 ; Madame Gayant fut surnommée Marie Cagenon ; le mariage eut lieu solennellement, et, à ce propos on gratifia Gayant d'un costume neuf « ajusté » à la mode du temps ; il coiffa l'immense perruque du grand siècle. Quelques années après, le couple alla recevoir Louis XIV, qui visitait Douai.

Dix ans plus tard naquirent tout d'une pièce deux enfants : un garçon, Jacquot, et une fille, Filion.

Bimbin (corruption de Bambin), lui, ne vit le jour qu'en 1715, et comme, selon une coutume assez générale pour les géants populaires, on lui avait fait un œil regardant en Champagne et l'autre en Picardie, le peuple le surnomma tout de suite *Tiot Tourni* (abréviation de p'tiot tourni, petit loucheur). Il mesure 3 m. 50, tandis que ses parents ont une hauteur de plus de 7 mètres et ses frère et sœur d'environ 5 mètres ; on voit que le rang est respectueusement gardé. Changeant la forme de ses costumes selon l'époque où on le « requinquait et ajustait », il suivit les modes du temps.

« En 1792, dit un de nos confrères, la Révolution supprima Gayant ; il était trop grand et offusquait l'égalité. On le remplaça par la promenade d'une déesse de la Liberté et par la distribution de deux sabres d'honneur aux gardes nationaux les plus méritants. »

Ce devait être bien gai, cette petite cérémonie !

Au commencement de xıxᵉ siècle, il reparut, au grand contentement des Douaisiens. En 1821, on rendit à Gayant et à sa femme les costumes de la Renaissance qu'ils portent encore aujourd'hui, à peu de changements près.

Gayant a donné lieu à une chanson populaire qui date de 1775 :

> Allons, veux-tu vénir, compère,
> A l' procession de Douay?
> Al est si joulie et si guaye,
> Que de Valenciennes et Tournay,
> De Lille, d'Orchie et d'Arras.
> Les pus pressés vienn't à grans pas.

On y ajouta, en 1801, ce refrain :

> Turlututu Gayant,
> Turlututu Gayant pointu.

Les origines de Gayant ne sont pas fort claires; on prétend qu'il représente ou Jean Gélon, seigneur de Cantin, qui délivra Douai des Normands (?), ou saint Maurand, patron de la ville.

Toutefois, il paraît certain que Gayant doit sa naissance au métier des manneliers de Douai, qui en firent, selon la coutume des anciennes corporations, leur « chef-d'œuvre » destiné à être porté dans la procession.

Douai avait envoyé aussi la « Roue de fortune »; cette roue, tournant par la marche du train qui la supporte, élève tour à tour des personnages : un argentier, un paysan, un procureur tenant une poule enlevée à ce dernier, etc.

Parmi les personnages douaisiens, signalons encore le « Sot des Canonniers », représentant le fou de l'ancienne corporation des arquebusiers, archers et arbalétriers.

Reuse, de Dunkerque

Encore le dernier survivant d'une famille, ce pauvre Reuse Papa; sa femme, Gentille ou Reuse Maman, et leur fils, Petit Reuse, enfant au maillot, ont disparu.

Reuse est de belle dimension, il mesure dix mètres et trône en triomphateur sur un chàr romain. Il a aussi sa chanson particulière dont voici le premier couplet :

> En als de groote klokke
> Luide klokke luide
> Reuse komt uit.
> Keerd uw ens om de Reuse,
> De Reuse
> Keerd uw ens om gy schoone bloem.

Traduction :

> Et quand la grosse cloche
> Sonne, la cloche sonne,
> Reuse sort,
> Tournez-vous une fois le géant,
> Le géant.
> Tournez-vous une fois, vous belle fleur.

On croit que cette dernière phrase s'adressait à la belle Gentille.

Voilà mes présentations terminées, pour les hauts personnages dont la vue nous a émerveillés le 24 avril.

Cette réunion tout à fait merveilleuse de géants, ces vieilles et bonnes connaissances que je me réjouis d'avoir revues groupées, eut un énorme succès ; ce fut un spectacle unique que seuls pouvaient prévoir ceux qui, comme moi, avaient vu à Bruxelles, le 23 juillet 1890, cette marche extraordinaire de géants, faisant accourir dans la capitale belge des centaines de mille curieux.

Outre les géants du Nord nous avons retrouvé à Lille presque tous ceux figurant à Bruxelles. Malheureusement les colosses anversois nous ont manqué, leur état de santé ne leur permettait pas d'entreprendre de lointains voyages, ceux qu'ils avaient faits à Paris et à Bruxelles les avaient quelque peu disloqués et défraîchis. C'est fâcheux, car ils sont vraiment très artistiques, M. Antigon et Mme Pallas !

Les Chars

Seize chars figuraient encore dans ce cortège de charité. Nous les énumércrons simplement :

Le char de l'artillerie, organisé par les canonniers sédentaires aidés par le bataillon d'artillerie de forteresse, portait une réduction de la colonne obsidionale de 1792, des attributs guerriers, canons, armes, etc., des mortiers lançant des bombes.

Le char de Gambrinus, des brasseries des *Carrières de marbre* de Namur, représentant, comme nous l'avons dit en parlant des géants, un colossal dieu de la bière entièrement doré (sculpture en bois), assis sur un foudre de 60 hectolitres.

Autour de lui des groupes de brasseurs en habits de travail.

Un char romain conduit par un chef en costume de guerre.

Le char du Sport nautique de Lille, portant un beau voilier entièrement gréé et pavoisé, avec groupes de jeunes mousses.

Le char des Beaux-Arts, composé d'un temple à frontons avec dôme abritant le génie des Beaux-Arts ; cette décoration était complétée par les muses de la Peinture, de la Sculpture, de l'Architecture et de la Gravure, par des groupes d'artistes célèbres en costumes de leur époque et par des bustes de grands hommes.

Le char de la Société régionale d'horticulture du Nord, dont la décoration de plantes ornementales et fleuries était tout indiquée, la déesse Flore dominant. Des bouquets étaient vendus au profit de l'œuvre.

Le char de l'Industrie textile, fait par la maison Casse, de Fives, très remarquable ; outre des métiers et une ornementation fort artistique, on y voyait figurer deux des superbes panneaux tissés par la maison et représentant l'un le portrait de l'empereur Alexandre de Russie ; l'autre, un traîneau attaqué par des loups.

L'ornementation de ce char avait été faite par le décorateur de l'Opéra de Paris.

Le char des Sauveteurs du Nord, portant une barque de sauvetage avec engins, bouées, filets, etc.

Le char de la ménagerie orientale, très original avec ses fauves burlesques exhibés par un dompteur.

Le char de Brûle-Maison, Cottignies, le chansonnier populaire lillois du xviiie siècle.

La Roue de Fortune, dont nous avons parlé plus haut en exposant l'histoire des géants de Douai.

Le cuirassé « Cronstadt », édifié par les *Dauphins lillois* ; une idée originale : des chevaux cachés dans les flancs du navire faisaient imouvoir le char.

Le char des Mineurs, très réussi, fait par la Compagnie des mines de Lens ; une berline en plan incliné, avec ustensiles, outils et blocs de charbon ; mineurs en costumes de travail.

Le char de la Métallurgie, organisé par l'Usine de Fives, supportant des machines et des outils artistement groupés ; une vraie merveille.

Le char de la Charité, fait par la Société Philanthropique des Belges, très important, ayant près de dix mètres de haut ; le groupe principal représentait la France venant en aide à la Russie et à la Belgique ; la Charité, assise au pied d'une tour élevée toute pavoisée, formait le fond du char.

Il y a encore à rappeler les deux chars-aumonières venus de Bruxelles et représentant des têtes de géants à double face grimaçante que nous avons décrits parmi les géants.

Ajoutez à cela des groupes costumés, à pied et à cheval, quatorze corps de musique et fanfares, y compris ceux de la garnison de Lille, très gracieusement accordés par l'autorité militaire, des détachements de toute la garnison, des sociétés de gymnastique, et vous aurez une idée à peu près exacte du cortège qui s'est déroulé dans les rues de Lille, en un immense serpent chatoyant de deux kilomètres de longueur.

La fête s'est prolongée longtemps après la rentrée du cortège. Une animation extraordinaire a régné dans la ville pendant toute la nuit.

Pour donner aux nombreux étrangers l'occasion de passer agréablement leur soirée, le comité avait organisé, au Palais-Rameau, un grand concert auquel prirent part la célèbre musique des Canonniers lillois, l'Union Orphéonique de Lille, le Club des Mandolinistes lillois et l'excellente musique des Mines de Lens.

Une grande bataille de confetti a animé prodigieusement la fête et s'est continuée pendant une partie de la nuit sur les places publiques et dans les cafés, à la grande joie de tous.

Rarement on avait vu à Lille pareille animation.